ALTDEUTSCHE TEXTBIBLIOTHEK

Begründet von Hermann Paul
Fortgeführt von G. Baesecke
Herausgegeben von Hugo Kuhn

Nr. 46

Daz buoch
von dem übeln wîbe

Herausgegeben
von Ernst A. Ebbinghaus

2., neubearbeitete Auflage

MAX NIEMEYER VERLAG TÜBINGEN
1968

1. Auflage 1955
hrsg. von Karl Helm

HERMANN NIEMEYER
zum Gedächtnis

EINLEITUNG

I. Chronologische Bibliographie und Verzeichnis der im folgenden, besonders im Apparat, verwendeten Abkürzungen:

Hs = Handschrift (s. u. II).

Be = J. Bergmann, Das puech von dem übeln weibe. Jahrbücher für Literatur. Anzeigeblatt. Bd. XCIV (Wien 1841), 2–18 *(editio princeps)*.

H = M. Haupt, Von dem übelen wîbe. Leipzig 1871. – Bespr.: LitCbl. 1871, Sp. 1238f. (anon.).

B = F. Bech, Zu dem von M. Haupt herausgegebenen Gedicht: von dem übelen weibe. Germania XVII (1871), 41–50.

Hpt = (Eine kurze Bemerkung von M. Haupt zu Vers 132), ZDA XV (1872), 467.

L. Bock, Wolframs von Eschenbach Bilder für Freud und Leid. Strassburg 1879 (QF XXXIII), 52–64.

Hl = K. Helm, Von dem übelen wibe. PBB XXXIV (1909), 292 bis 306.

F. Brietzmann, Die böse Frau in der deutschen Literatur des Mittelalters. Berlin 1912 (Palaestra XLII). [Neudruck: New York 1967].

S = E. Schröder, Zur Kritik des mittelhochdeutschen Gedichtes ,Von dem übeln Weibe'. NKGWG phil.-hist. Kl. 1913, 88 bis 101.

S¹ = E. Schröder, Zwei Altdeutsche Schwänke: Die böse Frau. Der Weinschwelg. Leipzig 1913. – Bespr.: W. Richter, Archiv CXXXIV, 156ff.

W = A. Wallner, Zu dem Schwank von der bösen Frau. PBB XL (1915), 137–145.

S² = Zweite Auflage von S¹: Leipzig 1919. – Bespr.: J. L. Campion, MP XX (1923), 335f.

E. Schröder, ADA XLVI (1927), 81 (Eine kurze Notiz zu Vers 730).

G. Ehrismann, Geschichte der deutschen Literatur bis zum Ausgang des Mittelalters II,2,2 ,Schlussband' (München 1935), 115f. [Neudruck: München 1955].

S³ = Dritte Auflage von S¹: Leipzig 1935.
H.-F. Rosenfeld, in Stammler-Langosch, Die deutsche Literatur des Mittelalters. Verfasserlexikon. Bd. IV (Berlin 1953), Sp. 867–869.
Hlm = K. Helm, Von dem übeln wîbe. Tübingen 1955. – Bespr.:
He = E. Henschel, ADA LXVIII (1956), 176ff. und
J = G. Jungbluth, PBB LXXXIX (Tübingen 1957), 419ff.
H. de Boor, Geschichte der deutschen Literatur III,1 (München 1962), 282f.
E = E. A. Ebbinghaus, Daz buoch von dem übeln wîbe: Critical Remarks Toward a New Edition. Im Druck: MLN LXXXIII (1968).

II. *Daz buoch von dem übeln wîbe* ist uns nur in einer späten Abschrift überliefert: Bll. CCXVʳ–CCXVIᵛ der Perg.-Handschrift Ser. Nov. 2663 der Oesterreichischen Nationalbibliothek zu Wien. Die Handschrift, gemeinhin als ‚(großes) Ambraser Heldenbuch‘ bekannt, wurde in den Jahren 1504–1515 von Hans Ried, Zollschreiber am Eisack zu Bozen, für den Kaiser Maximilian I. geschrieben.[1] Die Sprache des überlieferten Textes ist also das Tirolische des frühen 16. Jhs.

Daß Tirol auch die Heimat des Originals sei, läßt sich vornehmlich aus dem Wortschatz erschließen (vgl. Bech, Helm, Wallner, Schröder) und ist allgemein anerkannt. Der Verfasser ist unbekannt. Als Entstehungszeit sieht man allgemein die Zeit um die Mitte des 13. Jhs., doch ergeben sich keine Anhaltspunkte für eine genauere Datierung. Da der Verfasser wohl *Die Märe von dem Helmbreht* kannte, ist das Werkchen etwas später als diese anzusetzen.

III. In der vorliegenden Ausgabe ist der Text wie in den Ausgaben von Haupt, Schröder und Helm in die Sprache, die der

---

[1] Über H. Ried und die Handschrift zuletzt F. Unterkircher, Der Schlern XXVIII (1954), 4ff. mit Lit. Ferner: T. P. Thornton, Die Schreibgewohnheiten Hans Rieds im Ambraser Heldenbuch. Diss. Johns Hopkins Univ. (Schirokauer), Baltimore, Md., 1954 (nicht immer ganz zuverlässig), und ZDP LXXXI (1962), 52–82.

Zeit und Heimat des Originals entspricht, zurückübersetzt worden. In einer Reihe von Einzelfällen läßt sich die Rückübersetzung nicht mit absoluter Sicherheit durchführen, und einige Korruptionen widerstehen jedem Heilungsversuch (so z.B. 258ff., 535ff. wo Jungbluths Vorschlag nicht befriedigt; was ich 801f. eingesetzt habe, ist auch nur als Notbehelf zu werten). Im allgemeinen steht es jedoch so, daß die Hs. genügend Anhaltspunkte gibt, die es ermöglichen, das Original mit einer an Sicherheit grenzenden Wahrscheinlichkeit wiederherzustellen. Nicht eben selten sind es gerade die Fehler der Hs., die den rechten Weg weisen (z. B. 42, 323), oder es hilft die Metrik (101), doch sollte hier die lehrbuchhafte Regelmäßigkeit nicht zu weit getrieben werden. Weitere Aufschlüsse über die Sprache des Originals geben neutrale Reime wie z. B. 385f. *Priamus* : *sus* (*sust* Hs.), 805f. *hie* : *verlie*.

Eine Schwierigkeit bietet die Behandlung der Pronominalform *sie* (acc. sing. fem.). Die Hs. gibt im Reim einmal *sy* (: *dreÿ* 773f.), in den übrigen Reimen *seÿ* (: *dreÿ* 251f., : *dreÿ* 283f., *breÿ* : 333f., *dreÿ* : 569f.). Aus dem Versbau ergibt sich, daß in 251 *sî*, in den anderen Fällen *sie* gereimt haben. Im Versinneren, wo eine Entscheidung nicht immer getroffen werden kann, habe ich Haupt, Schröder und Helm folgend einheitlich *sî* durchgeführt.

Der Syntax des 13. Jhs. folgend habe ich einheitlich durchgeführt (und nicht im Apparat vermerkt): die verallgemeinernden *swer*, *swaz* usw. (gegen *wer*, *was* Hs.); den Plural des Neutrums beim Bezug auf verschiedene Genera (z. B. 7 *siu* gegen *sÿ* Hs.); die starke Form des Possessivums. Schwankungen der Hs., wie z. B. *bêden* (37) neben überwiegendem *beiden* (803), sind beibehalten worden, soweit sie nicht dem Sprachgebrauch des 13. Jhs. widersprechen und keine syntaktischen, metrischen oder sonstigen Gründe zu ihrer Beseitigung zwingen.

Im übrigen folgen Text und Apparat den editionstechnischen Prinzipien der ATB. Abweichungen von der Hs. sind im Text durch Kursivsatz kenntlich gemacht, außer wo sie rein orthographisch oder unwesentlich erscheinen; diese sind auch im Apparat nicht aufgenommen. Abweichende Lesarten der früheren Herausgeber, Textänderungsvorschläge und Literaturhinweise zur Interpretation einzelner Stellen sind im Apparat weitgehend vermerkt, jedoch ist aus Platzgründen keine Vollständigkeit erstrebt. Zu beachten ist noch folgendes im Apparat: Gehen die Hs. und ein oder mehrere Herausgeber zusammen, so sind auch hier die durch die Rückübersetzung bedingten Unterschiede nicht angemerkt; z. B. 464 sprang *Hs, H, S*^{2,3}*, Hlm* besagt, daß die Hs *sprang* hat, die Herausgeber aber *spranc.* Die Abkürzung *edd* faßt *H, S*$^{1-3}$*, Hlm* zusammen. Alle Lesungen sind nach Photographien der Hs. neu überprüft worden.

Daz buoch von dem übeln wîbe

Ez was ein süeziu stunde
dô got der ê begunde,
dâ mite der man und sîn wîp
beidiu sêle unde lîp
5   vor gote suln behalten
und des himelrîches walten.
phlegent *siu* der rehten ê
so wirt in an der sêle wê
nimmer in der helle grunt:
10   daz ist mir von den buochen kunt.
got sî es gelobt, mit mîner konen
wil ich niht ze helle wonen.
ez mac wol wesen ein lîp
beidiu ich und mîn wîp.
15   seht ob daz sî ein triuwe:
mîn freude ist ir riuwe,
ir riuwe ist mîn wunne.
got uns beiden gunne
daz wir müezen lange leben.
20   ir wart vil nâch mit mir vergeben;
dâ wider gap sî mir ein tranc,

Überschrift: Das puech von dem
ûbeln weibe *Hs, Hlm*
Die böse Frau *S^{1-3}*
(*Zur Überschrift S^{1-3} Ein-
leitung, W 137 u. Anm.,
E, Anm. 1*).
² da (*so stets außer 801 loc. u.
temp.; im folg. nicht
vermerkt*) *Hs.*
³ damit (*stets*) *Hs* dâmit
(*stets*) *S^{1-3}*
dâ mite (*stets*) *H, Hlm.*
⁵ sûllen *Hs* sülen *H*
suln *S^{1-3}, Hlm.*

⁶ -rîches *edd*] -reichs *Hs.*
⁷ siu (*stets*)] sy (*stets*) *Hs*
sî (*stets*) *H.*
¹⁰ pûechern *Hs.*
¹¹ sey es *Hs, H, Hlm*] sîs *S^{1-3}*
¹⁷ *sic Hs, edd, J 420, E*]
mîn riuwe ist ir wunne
He 177.
²⁰ vergeben: *H, S^{1-3}*
vergeben; *Hlm.*
²¹ dawider (*stets*) *Hs*
dâwider (*stets*) *S^{1-3}*
dâ wider (*stets*) *H, Hlm.*

daz mir naht und tac was lanc
sît die wîle ich hân den lîp:
die vergift gap mir mîn wîp.
25 dô ich bî ir unz an den tac
niwan die êrsten naht gelac
– gote wil ichz immer klagen –
dô wart ein phännel dar getragen
mit eiern in dem smalze;
30 daz was mit einem salze
gesalzen, heizet riuwe;
daz smalz was untriuwe,
diu eier angest unde nôt.
dar zuo truoc man uns ein brôt
35 an daz bette zuo der phannen:
daz was grînen unde zannen.
man truoc uns bêden ein môrâz
dâ von gie vil swinder wâz:
ez was getempert in ein vaz
40 beide zorn unde haz,
dar zuo gewerre unde nît,
beide hetzen unde strît.
daz selbe trinken trunken wir.

[22] sic *Hs, S¹⁻³, Hlm*
daz mir naht und tac lanc *H*
daz mir naht und tac wirt
lanc *He 177*
daz mir naht und
tac muoz lanc *J 420.*
[23] seit die weil ich han den
leib *Hs, S¹⁻³*]
ist die wîle ... *H*
sît der wîle ... *Hlm*
sît, die wîle ... *He 177*
sîn diu wîle ... *J 420.*
[24] wîp. *H, S¹* wîp: *S²,³, Hlm.*
[26] nun *Hs* niwan *H, S¹⁻³, Hlm.*
[28] phândl *Hs* phannel *H, S¹*

phännel *S²,³, Hlm.*
[31] riuwe: *H, S¹⁻³* riuwe; *Hlm.*
[37] Man *m. Absatz Hs.*
beden *Hs, H, S¹⁻³*]
beiden *Hlm*
(*doch s. Hlm S. 5*).
[38] gie *Hs, S¹⁻³, Hlm*] gienc *H.*
[39] *sic edd*] ge|temperiert *Hs.*
[41] darzuo (*stets*) *S¹⁻³.*
[42] hassen *Hs, H, S¹*
kriegen *S²,³* (kriegen *od.* kriec
S 95) Hlm
bâgen *od.* bâc *He 177*
hetzen *E.*

2

von dem trinken bin ich ir
45 noch hiute vînt und sî mir sam
und immer mêr einander gram.

Daz wir zesamen komen sîn,
dar an hât mîn trähtîn
gewendet allen sînen vlîz.
50 und spriche ich ‚swarz,‘ sî sprichet ‚wîz,‘
spriche ich ‚wîz,‘ sî sprichet ‚swarz.‘
nu hüete sich umb den nacsnarz
swer êlîchen neme ein wîp:
daz râtet im mîn tumber lîp.
55 er hât unheiles sich versehen,
geschiht im sam mir ist geschehen.
sî ist mir ein leider nâchgebûr.
spriche ich ‚guot,‘ sî sprichet ‚sûr,‘
spriche ich ‚sûr,‘ sî sprichet ‚guot:‘
60 wir haben ungelîchen muot.
seht ob daz sî ein rehtiu ê:
swaz mir tuot wol daz tuot ir wê.
swaz ir tuot wê daz tuot mir wol.
wan ich bî ir wonen sol
65 sô tæte sanfter mir der tôt.
spriche ich ‚gel,‘ sî sprichet ‚rôt,‘
spriche ich ‚rot,‘ sî sprichet [CCXV^{rb}] ‚gel;‘
spriche ich ‚laz,‘ sî sprichet ‚snel,‘

---

[46] ymmermer (stets) Hs, S$^{1-3}$
immer mêr (stets) H, Hlm.
an ein|ander Hs]
einander edd.
[48] daran (stets) Hs, S$^{1-3}$.
trachtein Hs. (Zu 50f., 58f.,
66ff., 79ff. s. Hl 292).
[52] sich del. H, He 177.
(Zu nacsnarz s. B 41f., E.).
[53] wîp: H, S$^{1-3}$ wîp; Hlm.
[54] ratet Hs, H, S^{1,2}, Hlm

ræet S^3.
[61] ê. H ê: S$^{1-3}$, Hlm.
[63] das Hs, H. swaz mir tuot wê,
daz tuot ir wol He 177,
s. J 420, E.
[64] wan Hs] swenne edd, s. E.
wonen Hs] tûren
H, He 177, s. Hl 292,
J 421, E.   Nach 64 vnns’ |
baider trew also wesen
sol Hs] del. edd.

3

spriche ich ‚snel,‘ sî sprichet ‚laz.‘
70 also trage wir immer haz
ich gên ir und sî gên mir.
slah ich sî eines, sî sleht mich zwir.
    *S*waz ie daz ander tuot,
daz dunket uns dewederz guot.
75 sî ziuhet hin, ich ziuhe her.
wâfen hiute und immer mêr
der nœte die ich hân von ir!
dâ mite sî lîden muoz mit mir.
spriche ich ‚guot,‘ sî sprichet ‚übel,‘
80 spriche ich ‚krump alsam ein swübel,‘
sî sprichet ‚*sl*eht alsam ein zein,‘
spriche ich ‚herter danne ein stein,‘
sî sprichet ‚weicher danne ein blî.‘
seht w*elh* geselleschaft daz sî.
85 sprich ich ein wort, sî sprichet driu,
gên vier worten sibeniu:
jâ kans unnützes klaffen!
unsælic sîn die phaffen,
der bâbest, *die* kardinâle

70 trag *Hs.*
72 ainest *Hs, H*
eins *S*$^{1-3}$ eines *Hlm.*
73 Was ye das annder tut *Hs, H*
… daz ein und ander
… *S*$^{1-3}$, *Hlm*   daz ander lât
und tuot *od.* daz ander iender
tuot *He 177*   daz ander wil
und tuot *J 421, s. E.*
74 dhainweders *Hs*
dewederm *He 177.*
77-78 die nœte, die ich hân von ir
/ und die sî lîden … *He 177.*
80 (*Zu* swübel *B 43f.*).
81 recht *Hs, H, He 177*]
sleht *S*$^{1-3}$, *Hlm, s. S 92, E.*

84 welch *S*$^{1-3}$, *Hlm, S 91*]
wie ein *Hs, H.*
gesel|schafft *Hs, S*$^{1-3}$, *Hlm*]
selleschaft *H.*
85 driu; *H, S*^{1,2}, *Hlm*   driu: *S*^{3}
driu, *He 177.*
86 sibeniu *edd*
sibeniu; *He 177*
sibeniu: *J 421.*
87 kanst vnnutzes klaffen *Hs*
kan sî … *edd*
sî kan … *He 177*
sus kans … *J 421.*
88 die *del. He 177.*
89 der *del. He 177.*   die *edd*]
fehlt Hs, He 177.

90   sîne erlouben zeinem mâle
       wandel iegelîchem man.
       swie ich der buoche niene kan,
       ich hân doch tiutsche gelesen:
       ez möchte ein man sus baz genesen,
95   behalten sêle unde lîp,
       danne ob er ein übel wîp
       sol haben unz an sînen tôt.
       daz sint zweier hande nôt,
       der sêle und ouch des lîbes:
100   des sînen übelen wîbes
       gefreut er sich *niht* halben tac,
       und dar zuo der sêle slac:
       der vergizzet er vor zorne,
       des ist sî diu verlorne.
105   — Und hieze mich nieman affen
       sô wolte ich mit den phaffen
       gerne zallen zîten
       umb die wârheit strîten
       (swaz aber ich dar umbe erlite,
110   daz mich des niemen überstrite
       prôbst, abbet *noch* pharrære):
       michel bezzer wære
       sô getaniu ê verkorn,
       dan mit übelm wîbe d*iu* sêle verlorn. —

90 *sic edd*] sy erlaubten zu
einem | male *Hs.*
92 půecher *Hs.*
93 gelesen: *S*¹⁻³ gelesen, *Hlm.*
94 sunst *Hs.*
98 das sint *Hs, H S*¹⁻³]
daz ist *Hlm.*
101 gefreut *Hs, S*¹⁻³, *Hlm*]
freut *H.* niht *S*¹⁻³, *Hlm*]
nymmer *Hs, H.*
102 darzu (*stets*) *Hs, S*¹⁻³.

104 die *Hs.*
105-114 *keine Parenthese Hs, edd,
s. J 421.*
105 ieman *S*¹⁻³, *He 177.*
107 gern zu *Hs.*
109-111 *keine Parenthese
Hs, H, S*¹⁻³.
109-110 erlit : -strit *Hs, S*¹⁻³.
110 ieman *S*¹⁻³, *He 177.*
111 noch *edd*] vnd *Hs.*
114 diu *edd*] die *Hs.*

Ich rede ez niht von mîner nôt:
dem selben wære ein kurzer tôt
noch bezzer snelliclîche erliten,
danne ob er in riuwen siten
müeste leben drîzic jâr:
120   *w*ande er in riuwen vâr
sich nider leget und ûf stât,
in riuwen sitzt, in riuwen gât,
in riuwen slæft, in riuwen wachet
– sîn herze in riuwen krachet –,
125   in riuwen trinkt, in riuwen izzet;
mit riuwen er vergizzet
*s*waz im liebes ie geschach.
sîn riuwe ist aller riuwen dach,
sîn riuwe ist aller riuwen
130   gruntveste *e*ntriuwen.
ich wil im riuwe senden
neben, hinden, vor, *z*en wenden.
*s*wer mit übelen wîben nôt
sol haben unz an sînen tôt,
135   der selbe klage mir sîn leit,
sam tuon ich im mîn arbeit;
sîn herze enwære steinen,

[115] *Absatz Hs] keinen Abs. edd.*
[117] snelliklich *Hs, H]*
  -lîche *S*¹⁻³, *Hlm.*
[119] muesset *Hs.*
[120-121] unde er an sîn bette
  riuwevar / nider sîge unde
  ûf stê *He 177.*
[120] wande *edd]* vnd *Hs.*
  er sich in *S*³, *J 421.*
[121] sich *Hs, H, S*^{1,2}, *Hlm,*
  von *S*³, *J 421 in 120 gestellt.*
[122-126] *He 177 setzt hier die*
  Konjunktive sitze, gê, slâfe,
  krache, trinke, ezze, vergezze,

  anders *J 421.*
[130] vntrewen *Hs.*
[131] riuwe swenden *He 177*
  zuo im wil riuwe lenden *od.*
  sich wil riuwe zuo im
  lenden *J 421.*
[132] vor *Hs, S*¹⁻³, *Hlm]* für
  H, He 177.
  zunwennden *Hs*   inwenden *H*
  zen wenden *Hpt, S*¹⁻³, *Hlm.*
[137] Sein *m. Abs. Hs.*   wåre dann
  von | stainen *Hs*   ensî v. st. *H*
  enwære steinen *S*¹⁻³, *Hlm,*
  s. S. 91.

6

mîn nôt muoz er beweinen,
sît er ist mîn geselle.
140 hœre waz ich im klagen welle.
    Swaz ich wil daz wil sî niht,
swaz sî wil daz geschiht
mit mînem willen selten.
und möhte ich ir vergelten
145 daz zehende leit daz sî mir [CCXVᵣᶜ] tuot,
ich wære immer wol gemuot.
swenn ich mit ir gemelîchen wil,
sô sleht sî mir slege vil
ûf hende und ûf die knübele
150 sô reht gruntübele
als ich wæn ieman wizze.
swaz ich gerne izze,
durch nieman sî daz æze.
sô ist sî sô muotes ræze,
155 ob sî worden wære ein man,
noch küener wærs dan Aspriân.
    Dâ wider hân ich einen muot:
allez daz sî dunket guot
daz ist mir gar ein galle.
160 seht wie iu gevalle
unser beider ordenunge.
sî giht ez gê von sprunge
und sî ein anegenge;
sî wart mir nie sô strenge,
165 sî werde mir noch strenger.
mir wart daz phat nie enger
daz mich gên freuden leitet;

---

¹⁴¹ was *kein Abs.* Hs.
¹⁴⁷ gemelichen *Hs, S¹⁻³, Hlm*]
    gemeln *H, He 177.*
¹⁵⁴ so | ist sy so *Hs, H, S¹⁻³,*
    He 177] sî ist sô *Hlm.*

¹⁵⁶ wâr sy *Hs.*
¹⁶⁵ sy werde *Hs, H, S¹⁻³, S 95*
    sine werde *B 44, Hlm.*
¹⁶⁷ gegen *Hs.*

die strâze sî mir *breitet*
diu mich gên riuwen wîsen sol.
170 und was mir etewenne wol
und hâte an freuden werdekeit,
daz ist ze sp*elle* mir geseit.
  *S*wer mit übelen wîben
die lenge wil bel*î*ben,
175 ich gel*î*che ir eines swære
für eines marteræere
der durch gotes willen
sich hie bevor liez villen,
und ûz des hût man senwen sneit,
180 und die marter ûf dem rôste leit,
durch den man schôz die ph*î*le
und die îsenînen kîle
sluoc durch f*uo*z und durch hant,
und den man durch die reder *w*ant:
185 *s*wie man in briet, *s*wie man in sôt,
iedoch was ez ein kurzer tôt
und nam ende in einem tage.
nâch der buoche meister sage
habent sî d*iz* kurze leben
190 umb daz êwige g*e*geben
und sint der engel genôz.
ir marter wart nie sô grôz

---

¹⁶⁸ beraitet *Hs.*
¹⁶⁹ gegen *Hs.*
¹⁷⁰ et|wen *Hs.*
¹⁷² spile *Hs*] spelle *edd.*
¹⁷⁵ ich gihe *J 421, s. E.*
¹⁷⁶ eines der mart. *Hlm*
  (*Zu 177ff. s. Hl 293f.*).
¹⁸⁰ und] der *He 177.*
¹⁸¹ durch die *J 422.*
¹⁸³ fuesse *Hs*] fuoz *edd.*
¹⁸⁴ durch die reder pant *Hs, H*

durch die reder want
S 92, S¹⁻³, Hlm
ûf d. r. bant *J 422.*
¹⁸⁵ *beide* in ⟩ sî *J 422.*
¹⁸⁸ puecher | maister *Hs*
buoche meister *H, Hlm*
buochmeister *S¹⁻³.*
¹⁸⁹ das *Hs* di(t)z *H, S¹⁻³, Hlm*
ditz kurze brœde *He 177.*
¹⁹⁰ geben *Hs*] gegeben *edd.*

disiu sî verre
grœzer unde merre.
195 swer ein übel wîp hât
er liget, sitzet oder stât
– er slâfe oder er wache –,
er lebt mit ungemache.

Wol in wart der sô gevert
200 daz im ein wîp ist beschert
dar nâch als im sîn muot gert.
den hât got vil wol gewert,
der mac die sêle wol bewarn,
wil er mit reinen zühten varn
205 hie in disem lîbe
mit sînem guoten wîbe.
tuot er allez des sî gert,
ob sî in des hinwider gewert
mit triuwen nâch dem willen sîn,
210 – daz ist der geloube mîn –,
und habent siu got vor ougen
– die rede ist ungelougen –:
die varnt in Abrahâmes schôz,
dâ Lucifer und sîne genôz
215 wurden von verstôzen,
dô er sich genôzen
wolte dem oberisten got.
swelch wîp ir mannes gebot
behaltet an ieglîcher stete,

193 sic H, S¹⁻³
    disiu ensî verre Hlm
    dise marter sey verre Hs
    sî niht verre He 177.
195⁻196 swer ein übel wîp habe zer
    ê / er lige, sitze oder stê
    He 177.
    swer ein übel wîp habe /
    er lige, sitze oder drabe J 422.

199 gewert Hs.
201 darnâch (stets) S¹⁻³.
213⁻214 schosse : genosse Hs.
214 sein Hs, He 177] sîne edd.
216 die er Hs.
218 welches weib irs | mannes
    gepot Hs.
219⁻220 stet : pet Hs, S¹⁻³]
    stete : bete H, Hlm.

9

220 und tuot er gar nâch ir bete
williclîchen als er sol:
diu lebent mit einander wol.
ob sî vor valsche ist behuot,
hât er sô manlîchen muot
225 daz er sîne sinne
wendet von der minne
diu üppic und mit sünden sî,
sint siu des bêdenthalben frî,
ist ez in gar unmære:
230 für einen clûsenære
lobe ich ir beider lîp [CCXV^va]
den guoten man und sîn wîp.
ir beider riuwe, ob diu sô stêt
daz diu sîn durch ir herze gêt
235 und diu ir hinwider durch daz sîn
— des gibe ich iu die triuwe mîn —:
swer, âne got, die scheidet
daz sich der gote leidet.
    Diu rede ist leider mir ein spel.
240 sælde diu ist sinewel
und walzet umbe als ein rat.
dô ich sî mit vlîze bat
daz sî mir ze wîbe
gæbe diu mînem lîbe
245 wære wol ze mâzen,
daz hât sî leider lâzen,

²²² die *Hs, H, S¹⁻³*.
²²³ Ob *m. Abs. Hs] kein Abs. edd.*
²²⁶ wende *He 177.*
²²⁸ siu *Hlm]* sy *Hs, H, S¹⁻³*.
²³⁰ clausenâre *Hs]* klôsenære *H*
    clûsenære *S¹⁻³, Hlm.*
²³¹ baider *Hs, edd]*
    ietwedern *He 177, s. E.*
²³³⁻²³⁴ stet : get *Hs, H, Hlm]*

stê : gê *S¹⁻³.*
²³⁵ du *Hs.*
²³⁶ in *Hs.*
²³⁸ got *Hs, S¹⁻³]* gote *H, Hlm.*
²³⁹ ist mir laider *Hs]*
    mir leider ist *H*
    ist leider mir *S¹⁻³, Hlm.*
²⁴⁴ meinem *Hs]* mîm *H.*

und hât mir ein wîp gegeben,
daz bî mir alle die nû leben
immer sint gebezzert.
250 mîn kunst ist vermezzert.
ich wânde ê ich genæme sî,
daz ninder zwô oder drî
lebeten also guote.
des ist ir unzemuote
255 daz sî guoten wîben
mit lobe well bî belîben.
    Maneger sagt von Witegen nôt
– nû vernemet ouch die mîn durch got –
und sagt von Dietrîche:
260 der nôt wac ungelîche
der mînen, des ich wæne.
sie vâhten daz die spæne
von ir schildes rande stuben
und sich diu breter gar zerkluben;
265 ir helme wurden fiuwervar:
dar under in doch niht enwar.
sus vâhten sî vil manegen tac
daz ir deweder nie gelac
tôt von swerte noch von sper.
270 der vaht hin und jener her;

249 sein *Hs*] sint *H*   sîn *S*$^{1-3}$
   sînt *Hlm*.
250 kunst *Hs, H, S*$^{1-3}$, *Hlm*]
   kone et *B 46*.
   (*Zu* vermezzert *B 45f.*,
   Hl 295, Brietzmann 144,
   W 137).
251-252 seÿ : dreÿ *Hs*.
252 nÿnndert *Hs, H*] indert *B 46*
   inder *S*$^{1-3}$ ninder *Hlm*.
253 lebente *Hs*.   guote: *H, S*$^{1-3}$.
255 sic *Hs, Hlm*]

256 sî bî *H, S*$^{1-3}$, *He 177*.
256 wel|len beÿ beleiben *Hs*]
   welle belîben *H, S*$^{1-3}$, *He 177*.
   (*Zu den Korruptionen 257ff.*
   und 275ff. s. J 422f., E.)
257 Weittegen *Hs*.
259 Dieterîche *H*.
260 nôte was *Hs*.
   (*Zu 262ff. s. Hl 295ff.*)
265 feurfar *Hs*] fiurvar *H*.
267 sust *Hs*.
269 swerten *Hs*.

einer sluoc den andern nider,
sô erholt sich diser des hinwider
und sluoc den andern ûf diu knie.
sî vâhten alsô daz sî nie
275　von swertslegen wurden wunt.
diu nôt der mînen ist unkunt:
*i*ch bin wol fünf und vierzic stunt
von mînem wîbe worden wunt
âne stôzen gên dem *k*opfe
280　und roufen hâr ûz dem *sch*opfe:
der zühte ist âne mâzen vil;
dâ von ich *nû* niht sprechen wil.

　　　*I*ch hête niht s*i*e
ganzer tage drîe,
285　ein unzuht sî mir nie vertruoc:
mit einem knütel sî mich sluoc
ob dem ougen durch daz hirn
n*iw*an umb ein gebraten birn.
die zuht*e* ich ir ûz einer gluot;
290　dô sluoc sî mich daz mir daz bluot
ûf die füeze nider ran.
n*iw*an daz ich ir entran,
ez wære gewesen dô mîn tôt.
daz ist von ir mîn êrstiu nôt.
295　　　*S*wenne ich nâch gewinne var,

²⁷⁷ Ich *m. Abs. Hs.*
²⁷⁹ krophe *Hs, H, Hlm*]
　　kopfe *S 92f., S¹⁻³.*
²⁸⁰ schopfe *S 93, S¹⁻³, Hlm*]
　　kophe *Hs, H.*
²⁸¹ âne] on *Hs.* vil; *H, S¹,²*
　　vil. *S³* vil, *Hlm.*
²⁸² nû *S¹,³, (Campion), Hlm*]
　　euch *Hs* iu *H, S².*
²⁸³ *Absatz edd*] *kein Abs. Hs.*
　　ich hete ze konen sîe *He 178*

ich hete noch niht sîe *J 423.*
²⁸⁴ niht ganzer tage drîe *He 178.*
²⁸⁵ *in Klammern Hlm*
　　nach Campion.
²⁸⁷ dem *Hs, S¹,², Hlm*]
　　den *H, S³.*
²⁸⁸ nun *Hs.* geprattne *Hs.*
²⁸⁹ zugkhet *Hs*] zukte *H, S¹.*
²⁹⁴ ist *Hs, H, S¹⁻³*]
　　was *Hlm (ebenso 310, 328).*

12

so ist durft daz mir der mûsar
über die strâze fliege
und mich des niht *entriege.*
ob ich ir niht enbringe,
300 lanc, breit ist ir swinge
und ist hagenbuochîn;
die sleht sî durch daz houbet mîn.
daz selbe tet sî hiure.
sô getâne âventiure [CCXVᵛᵇ]
305 wârn hern Walthern unkunt,
dô er und mîn frou Hildegunt
fuoren durch die rîche
alsô behagenlîche.
vernemt durch iuwer hövescheit:
310 daz ist von ir mîn ander leit.
    Sî saz eins tages unde dahs,
dô viel ein wênigez *vl*ahs
in die gluot ûf einen kolen.
von ir zorne muost ich dolen
315 grôzen schaden âne frumen:
sî sluoc ze zwein hundert drumen
daz *dehs*schît über mînen kopf,
daz ich gie umbe als ein topf
und *schôz* ir under die füeze nider.

²⁹⁸ entriege *S*¹⁻³, *Hlm*]
   triege *Hs, H.*
²⁹⁹ enbringe *edd*] empringe *Hs.*
³⁰³ hewre *Hs.*
³⁰⁵ Waren *Hs.*   herren *Hs, H*]
   hern *S*¹⁻³, *Hlm.*
³⁰⁷ diu *edd*] die *Hs.*
³⁰⁹ Vernemet *m. Abs. Hs.*
³¹⁰ *s. 294.*
³¹¹ *kein Abs. Hs.*   sy *Hs*] Sî
   *H, S*¹⁻³
   Ich *Hl 297, Hlm.*   dachts *Hs.*

³¹² wênigez ⟩ wêniger *erwägt*
   S 90.   wachts *Hs.*
³¹⁶ zwaÿnhundert *Hs.*
³¹⁷ dehsschît *nach B 46, S 92,*
   *S*¹⁻³, *Hlm*]
   scheit *Hs, H, He 178.*
   mînem kopfe *He 178.*
³¹⁸ daz ich] deich *He 178.*
   topfe *He 178.*
³¹⁹ stosset *Hs*]
   sturzte *H, S*¹⁻³, *Hlm*
   schôz *J 423.*   die *del. H, S*¹⁻³.

320 dâ lac ich lange ê daz ich wider
    mich kûme ûf gerihte.
    sî nam ze mîner gesihte
    in die hant daz væric schît
    und sluoc mir eine wunden wît
325 mit dem dehsîsen.
    durch nôt muoz ich grîsen
    und alten ê vil maniger tage.
    daz ist von ir mîn drittiu clage.
    Ez ist noch ein kindes spil
330 dâ wider ich nû sprechen wil
    von dem vierden kampfe.
    daz geschach bî einem stampfe,
    dâ lac inne brîe.
    dô hiez ich niuwen sîe.
335 dô sprach sî ,nû niu ouch duo!‘
    ich sprach ,jâ niuwe ich iezuo!‘
    dô sprach sî ,waz ist umbe diu?
    stant ûf balde unde niu!‘
    ich sprach ,nein ich entriuwen!‘
340 sî sprach ,jâ muostu niuwen!‘
    vor grimme ich die hende krampf
    und trat oben ûf den stampf.
    vor vorhten und vor riuwen
    muost ich den brîen niuwen.
345 ich hete in baz genouwen,
    het sî mich niht zeblouwen.

³²² mein’ Hs.
    gesichte Hs, S¹⁻³, Hlm
    sihte B 47, H.
³²³ vorig Hs, W 138]
    veige H, B 46, S¹⁻³, Hlm
    vorhîn S 93
    vârec od. værec He 178, E
    überic J 423.
³²⁵ dehse eysen Hs.

³²⁸ s. 294.
    ir Hs, S¹⁻³, Hlm] mir H.
³³³ lac edd] lage Hs.
³³³⁻³³⁴ preÿ : seÿ Hs.
³³⁴ nun Hs.
³³⁵⁻³³⁶ du : yetzu Hs.
³³⁹⁻³⁴⁰ en|trawn : nawn Hs.
³⁴⁶ het sy Hs, S¹⁻³, Hlm] hetes H.

daz ich in niht guotes nou,
daz was des schult daz sî mich blou.
ez erwande ir bliuwen
350 an mir vil schœnez niuwen.
    Welt ir nû merken hie zehant
waz mich des niuwens hât erwant?
ich bat sî treten hinder sich,
sî sprach ,ich liez ê hâ*h*en *m*ich!'
355 dô sprach ich ,daz wir*t* et du*o*!'
zehant gr*i*ffen wir darzuo:
ich begunde zucken
den schürstap, sî die krucken.
ich wil n*iwa*n der wârheit jehen:
360 sî liez mich nie ûf gesehen;
mit swinden slegen sî mich treip
unz ich bî der tür beleip.
iedoch gap mir got die maht
daz ich alsô hinwider vaht:
365 ich sluoc slac nâch slage
– ez ist wâr daz ich iu sage –;
dô ich sî treip unz an die banc,
zehant tet sî den widerwanc:
,lâzâ nâher rucken!'
370 dô vazte sî die krucken
vaste in beide hende;

347 ich in nicht *Hs, J 423*]
  ich niht *H*
  ich ir niht *S*¹⁻³, *Hlm.*
348 *sic Hs, edd,* des was daz
  erwägt *Hlm (ebenso 596),*
  dagegen *E.*
352 newen *Hs.*
353 hinder sich *B 46, LitCbl 1239,*
  Hlm hindersich *S*¹⁻³
  hinder mich *Hs, H.*
354 hâhen mich *B 46f.,*
  *S*¹⁻³, *Hlm*] haben| dich *Hs*
  hâhen dich *H.*
355 wirde *Hs, H, S*¹⁻³.
356 greÿffen *Hs.*
358 vnd | sÿ die *Hs.*
359 niwan der *edd*] nun die *Hs.*
364 vaht; *H, S*¹⁻³ vaht: *Hlm.*
366 iu *edd*] euch *Hs.*
367 dô *S*¹⁻³, *Hlm*] da *Hs* daz *H.*
369 lasse naher rucken lasse |
  naher rugken *Hs.* rücken *H.*

15

sî sluoc mich ûf die lende.
den andern slac sî *erreit*
– daz was mir dô und immer leit –
375 und traf mich hinden ûf den bürel
daz mir emphiel der ovenstürel.
sî sluoc ie den andern slac
daz er für den êrsten wac,
unz sî mich treip an den oven.
380 dâ strûchte*s* über einen schroven
und sluoc mir der [CCXVᵛᶜ] krucken ort
durch daz houbet daz ich mort
vil nâhen von dem slage was;
doch half mir got daz ich genas.
385 Tispê unde Piramus
gevohten wênic habent sus
di*u* sich durch minne stâchen
und enwesten waz si*u* râchen.
der sit ist nû verkêret,
390 des sî got immer gêret:
bî diser zît ligt nieman tôt
von minne noch von sen*e*der nôt.
der rîche senet sich umb den wîn
mêr dan nâch der frouwen sîn;
395 sô hât der arme sen*e*de nôt

---

³⁷³ erreit *H, Hl 298, S¹⁻³, Hlm*]
berait *Hs.* den andern slac
sî hete bereit *He 178*
d. a. slac sluoc sî bereit *J 423.*
³⁷⁵ bürel *edd*] purel *Hs.*
³⁷⁷ Sy *m. Abs. Hs.*
³⁷⁸ erstn̄ | *Hs, edd,* êrren, erren
erw. *S 92.*
³⁷⁹ unz *edd*] vnd *Hs.*
³⁸⁰ strauchte sÿ *Hs*]
strûhtes *edd (s. Hl 298)*
strûhte ich *He 178 (s. E).*

³⁸¹ und sî sluoc *He 178.*
³⁸² das | ich not mort *Hs.* d. ich
nôte mort *He 178.*
³⁸⁷ die *Hs.*
³⁸⁸ sÿ *Hs.*
³⁸⁹ syt *Hs, S¹⁻³*] site *H, Hlm.*
³⁹⁰ geeret *Hs.*
³⁹² senender *Hs, H, S¹⁻³*]
seneder *Hlm.*
³⁹³ umb *Hs, S¹⁻³, Hlm*] umbe *H.*
³⁹⁵ senende *Hs, H, S¹⁻³*]
senede *Hlm.*

tägelîchen umb daz brôt.
Ich gedâhte in mînem muote
,herre got der guote!
sol mir ein wîp an gesigen
400 und vor ir sigelôs *geligen*?
daz ist schade unde scham!'
ein schît ich ab der âsen nam.
dô was ouch ir diu krucke enzwei:
sî nam daz lenger drumzei,
405 und vâhten eine schanze.
ich wære bî einem tanze
die wîle michels baz gewesen
od ich hiete tiutsche gelesen
von dem werden Parzivâle,
410 ê daz ich die quâle
von ir slegen hiete erliten.
alsô vil wênic hât *gestriten*
Êrec mit fouwen Ênîten
mit prügeln und mit schîten.
415 Hœret aber alsam ê:
dô ergienc wê unde wê
von mînem wîbe und von mir.
sî traf mich, daz galt ich ir.
sî sluoc slege ungezalt,
420 vil kûme ich ir den dritten galt.
ir spil stuont zallen gelten,
ich verbot ez ir vil selten.

[396] umbez *H.*
[400] ligen *Hs, H*] geligen
    LitCbl 1239, S[1-3], *Hlm.*
[403-404] entzwaÿ : drumb zaÿ *Hs.*
[404] drumzei *H, S*[1], *Hlm*
    drumzein *S*[2,3] *(nach Schatz)*
    drum und schrei *W 139f. m.*
    Verw. auf 617f.
[408] od ich *edd*] oder ich *Hs.*

[412] gestriten *edd*] erstriten *Hs.*
[413] frawen *Hs*]   frowen *H*
    froun *S*[1-3]   frouwen *Hlm.*
[415] *kein Abs. H.*
[416] ergieng *Hs, H*]
    ergie *S*[1-3], *Hlm.*
[421] ze allen *Hs, H, S*[1,2]]
    zallen *S*[3], *Hlm.*

sî trat mir zuo mit île,
sî liez mir nie die wîle
425 daz ich ez eines hiet verboten.
sî hiez mich dicke zochen, kroten
daz ich mich torste gewern.
sî sprach ‚jâ kan dich niht ernern
vor mir, *w*an ich dîn meister bin!‘
430 zehant warf sî die krucken hin
und under*lief* mir daz schît
– daz klagte ich dô und immer sît –
und sluoc mir einen mûlslac
und warf mich rehte als ein*en* sac
435 bî dem hâre under sich.
sî kratzet unde sluoc mich
mit der fiuste in den munt.
sô getâniu minne unkunt
was dem herren Ênêas
440 dô er von Troye komen was
ûf die burc ze Kartâgô
zuo der fouwen Dîdô.

Sît ich ir êrste künde vie,
sît des selben tages *n*ie
445 ir hazzes wider mich zeran.
sî saz eins âbents unde span,
ich was von einer hôchzît komen.
dô sî daz het vernomen,

---

[425] ainest *Hs, H.*
[426] zochen krotten *Hs*]
zohenkroten *H*
zochen, kroten *S*[1-3], *Hlm,*
s. *W 140, He 178.*
[429] vor mir, wan *edd*]
von mir dann *Hs.*
[431] vnnderlof *Hs.*
[434] ein sackh *Hs.*
[435] undersich *S*[3].

[439] herren *Hs, edd*, hern *erw.*
S[1-3] *Anm.*
[440] Troyen *Hs.*
[442] Tito *Hs.*
[443] *Absatz edd*]
seÿt *kein Abs. Hs.*
[444] nie *edd*] ye *Hs.*
[445] wider *Hs, S*[1-3], *Hlm*]
gegen *H, s. LitCbl 1238.*
[448] daz mære hete vern. *He 178.*

gegen mir sî balde lief,
450 mit den armen sî mich umbeswief;
sî wânde deich ir bræhte guot:
des truoc sî mir sô holden muot.
sî kuste mich mêr danne zwir:
,bis got wilkomen unde mir,
455 trûtgeselle, willekomen!'
dô sî daz hete vernomen
daz ich ir niht brâhte,
zehant ich ir versmâhte;
sî lie die hende slîfen dan
460 und sach mich harte dwerches an.
alrêrst ich mich ver[CCXVI^ra]sinnet
daz sî mich sêrer minnet
umb mîn guot dan umbe mich.
sî spranc vil übellîch hinder sich:
465 ,warumbe hâst du mir niht brâht?
und ist dir ninder des gedâht
wes ich sol leben und dîniu kint?
wærens künege die hie inne sint,
du genüzzest ir sô kleine
470 sam ob wir wæren eine.
du emphindest mîner tucke!'

450 den armen Hs, edd]
   den del. He 178, s. E.
451 das ich Hs.
454 sy sprach bis | got wilkumen
   vnd mir Hs]
   sî sprach wis gote unde
   mir, H, Hlm
   sî sprach wis got u. m., S^{1-3}
   sî sprach del. J 423, E.
456 het Hs, S^1   hete Hlm
   hête S^{2,3}
   daz mære hete He 178.
460 durschs Hs.
461 allererst Hs.

461-462 versinnete : minnete
   He 178.
464 sprang Hs, H, S^{2,3}, Hlm]
   sprach S 93, S^1.
   vbelichen Hs.
   hindersich Hs, S^{1-3}.
   sî dranc mich übele hinder
   sich J 424.
   (Zu 464-481 W 140f., J 423f.)
466 nÿnndert Hs.
468 wærens edd] waren sy Hs.
   die | hynne Hs.
469 geneussest Hs] geniuzest H.
471 Du m. Abs. Hs.

sî vie daz uberrucke
und swanc ez von der hende,
alsô daz ich den ende
475 vil nâhen het aldâ genomen,
und wærez an die want niht komen.
doch traf mich der rocken ort
swie verre ich sæze von ir dort
alsô sêre an den giel
480 daz mir der gloube gar emphiel.
sus gelac ich bî der wende.
mit ir wîzen hende
Ysalde, der sælden krône,
diu sich ie vil schône
485 behüetet hât vor schanden,
jâ wæne sî Tristranden
selten sluoc mit rocken
noch gezogte bî den locken
ûf die füeze nie ze tal,
490 als mich diu mîne âne zal
vil dicke hât geswenket.
swer marterære gedenket
der lâze ouch sich erbarmen
über mich vil armen.
495 Welt ir nu hœren mêre
von grôzem herzensêre?
ich kom aber eines tages
— des wart ich herre maneges slages —

471-472 dŭcke : vberrugge Hs]
tücke : überrücke H.
472 vieng Hs, H.
476 und wære ich an ... J 423.
480 gloube das Credo, s. Hl 299.
481 sust Hs.
483 der Sælden H.
487 slŭge Hs,
slüege erw. S¹⁻³ Anm.

488 auch gezugte Hs.
489 nie Hs, hin erw. S¹⁻³ Anm.
490 sic edd] als ich die
mÿnne ... Hs
als mich diu minne ... J 424.
495 mâre Hs.
498 sic Hs, edd, herre 〉 herte
erw. S 96, 〉 sêre erw. W 141,
〉 irre od. wirre J 424.

<pre>
       leider guotes lære.
500   dâ von leit ich swære;
       die mac ich lange zeigen.
       stürb ieman wan die veigen
       sô wære ich tôt vor maneger zît.
       hie gât ez ûf einen strît:
505   ez was ir itewîzen
       ,waran sol ich enbîzen
       oder gên dem âbende ezzen?
       dîn hât got vergezzen,‘
       sprach sî, ,vor mîner hende!‘
510   dô zuhtes von der wende
       ein liehtschît, daz was swære.
       hie gât ez an ein dære,
       dâ wart lachen tiure.
       doch gap mir got ze stiure
515   ein eichen übersticke
       und einen stuol, der dicke
       was, mir niht ze swære:
       der wart mîn buckelære.
       mir wære dâ schade gewachsen,
520   niwan daz ich ze Sahsen
       wîlen lernte schirmen.
       sî liez mich nie gehirmen.
       den stuol ich dicke für mich warf;
       doch sluoc sî mich daz ich mich snarf
</pre>

525 bî dem buckelære,
swie nütze et er mir wære.
  Hiete meister Hildebrant
sô sêre verhouwen schildes rant
als sî mir den stuol zersluoc,
530 daz wære et im vil und genuoc.
sî ist her Dietrîch ze mir;
ouwê daz ich gegen ir
niht her Witege werden mac:
sô gülte ich ir den dritten slac.
535 mit slegen tet sî mir vil wê,
noch drî stunt dicker dan der snê
ûz den lüften *rêret* sich.
mit dem schîte sluoc sî mich
ûz disem winkel hin in jenen.
540 sî kunde slac nâch slage denen:
sî sluoc mich hin, sî sluoc mich her,
mit slegen treip sî mich entwer,
sî sluoc mich wider unde für,
sî sluoc mich ûz *zuo* der tür,
545 sî sluoc mich verre in den hof. [CCXVIʳᵇ]
ez ges*luoc* nie kein bischof
sundære sô gedîhte
mit besmen an der bîhte,
sô sî mich mit dem schîte sluoc.

⁵²⁷ Hiet *m. Abs. Hs.*
⁵³¹ here Diettrich *Hs*]
  her Dietrîch *H.*
⁵³² gegen *edd*] gen *Hs.*
⁵³³ her Weittegen *Hs.*
  (*Zu 534 s. Hl 296f.*)
⁵³⁵⁻⁵³⁷ *Zur Heilung der Korrup-
  tion will J 424 hier 621–626
  einsetzen, dann Lücke zw.*
  lüften *und* erhebet *der Hs.*
⁵³⁷ rêret *S 93, S¹⁻³, Hlm*]

erhebet *Hs, H.*
  drêbet *W 141.*
⁵⁴⁴ ze *Hs.*
⁵⁴⁶ Es (*Anfang von CCXVIʳᵇ*)
  Hs. geschuff *Hs, S 90, S¹⁻³*]
  gesluoc *H, Hl 300f.,
  W 141, Hlm.*
⁵⁴⁷ den sundern *Hs*]
  den sünder *H*
  sündæren *S 90, S¹⁻³*
  sundære *Hlm.*

550 sî sluoc daz ie der slac *getruoc*
slac *nâch* slage über rucke.
ich het dâ zInsbrucke
vil guoten Bôzenære
getrunken für die swære
555 und für die grôzen arbeit
die ich von ir slegen leit.
    Dô sî *kom* an die wîte
sî trat mir mit dem schîte
mit slegen zuo ie baz und baz.
560 mîn selbes ich doch niht vergaz:
ich begunde ze*c*ken
hin wider mit dem ste*c*ken
unz ich sî treip an den stadel.
zehant wart ich âne wadel
565 die widervart gelecket.
ir slac unsanfte smecket:
des wart ich vil wol gewar.
sî sluoc mir ûz dem stuole gar
der vier stecken drîe:
570 – solt ich niht fürhten sîe,
sô wære ich *gar* ein tôre –
der ein fuor an mîn ôre,
daz ez dar nâch vil lange sanc;
der ander stecke nam den swanc

550 trug *Hs, H*]   ze Insbrugge *H*
    getruoc *S¹⁻³, Hlm.*   -brucke *S¹⁻³, Hlm.*
551 schlach schlage *Hs*]   het gerne dâ *J 424.*
    slac nâch slage *H, S²,³, Hlm*   **557** kam *Hs, H*] kom *S¹⁻³, Hlm.*
    ‚slahâ, slach!‘ *S 94, S¹*   **561–562** zechin : stechen *Hs.*
    slac slage *W 142.*   **562** dem *Hs, S 89, S ¹⁻³, Hlm*]
    rugge *Hs, H*]   den *H (LitCbl 1238).*
    rucke *S¹⁻³, Hlm.*   (Zu 564–565 s. B 48ff.)
552 het *Hs, S¹⁻³, Hlm*] hete *H.* **564–565** gelechet : schmec|ket *Hs.*
    da *Hs. edd*] ê dâ *W 142.*   **569–570** dreÿ : seÿ *Hs.*
    ze Ynsprugke *Hs*]   **571** gar *S¹⁻³, Hlm*] *fehlt Hs, H.*

575 daz mir diu nase bluote;
 – got vor schaden mich behuote. –
 der dritte fuor an mîn kinne.
 alsô getâner minne
 wâren diu gelieben erlân,
580 Gahmuret und Belakân,
 diu dô Feirefîzen,
 den swarzen und den wîzen,
 gebar von sîner frühte.
 sî phlac sô schœner zühte
585 und was sô wîplîchen guot,
 het er durch sînen frechen muot
 die dannenvart niht genomen,
 er wære nimmer von ir komen.
  Hie gât ez an ein strîten
590 mit prügeln und mit schîten.
 gesâhet ir solh vehten ie?
 mit drischelslegen ez hie gie:
 ich hetez nâch, sî hetez vor;
 sî treip mich vaste unz an daz tor.
595 daz ich ir slegen niht enpflôch,
 daz was des schult der zûn was hôch,
 daz tor was verslozzen,
 ein rigel für geschozzen.

575 die nasen *Hs.*
576 schanden *Hs.*
 (*Zu* behuote [behuete *Hs*]
 s. *Hl 301f.*).
577 dritte *Hs*] drite *H.*
579 weren die liebe | leute *Hs*]
 wâren die gelieben *H, S¹⁻³*
 w. diu gel. *Hlm.*
580 Bellican *Hs.*
581 Feravisen *Hs.*
582 *sic Hs, H, S¹⁻³, He 178, E*]
 den swarz unde wîzen *Hlm.*

583 frühte: *H* frühte; *S¹*
 frühte, *S²,³* frühte. *Hlm.*
589 geet *Hs, H*] gât *S¹⁻³, Hlm.*
 strîten. *H.*
590 schîten *H.*
591 solhs *Hs*] sölch *H.*
 ye *Hs*] nie *H.*
592 drischeln slegen *Hs.*
593 *beide Male* het es *Hs.*
596 *s. 348.*
598 für *S¹⁻³, Hlm*] darfür *Hs, H.*

dô gedâhte ich als ein man tuot
600 der beidiu lîp unde guot
ûf die wâge setzet.
mîn zorn was gewetzet
gên ir zorne, der was scharf.
vil sæliclîchen ich gewarf:
605 mit dem stecken ich sî traf
daz ir daz bluotige saf
ûz wischte durch ganzez vel:
des wart sî als ein tôte gel.
ich wânde ich het sî nider brâht;
610 des ir doch ninder was gedâht:
sî sluoc ûf mich sô dicke
daz mir des fiures blicke
vor den ougen glesten.
mit starken slegen vesten
615 treip sî mich gên der krippe
und sluoc mir eine rippe
mitten ûf der brust enzwei.
,lâzâ hin niht' sî dô schrei,
,ez ist ein anegenge noch!'
620 sî vazte in beide hende daz bloch;
mit slegen tet sî mir vil wê,
noch drî stunt dicker dan der snê
ûz den lüften snîte
sluoc sî mit dem schîte
625 ûf mich slege âne zal.

---

604 seliclich *Hs*] -lîche *H*
-lîchen *S¹⁻³, Hlm.*
(*Zu* gewarf: *S 91*).
607 durch gantzes *Hs, S¹⁻³, Hlm*
(*S 91, J 424*)]
durch ir glanzes *H, He 178.*
607-608 fel : geel *Hs.*
610 nÿnndert *Hs.*

612 mich *Hs.*
616 ein *Hs.*
618 las-|se *Hs.*
619 Es *m. Abs. Hs.*
620 vasset *Hs.* das *Hs, Hlm*]
dez *S¹⁻³.*
621-626 s. *535-537.*

heiâ wie slac nâch slage hal!
der stuol hete sich zerkloben,
der stuol von slegen wær zerstoben,
wan durch den stuol was ein wim[CCXVI^rc]mer.
630 sî hete mirz vertragen nimmer,
ob ich in zebræche gên ir.
wan der stuol, sô hiet sî mir
daz houbet *mîn* zerslagen gar.
der stuol was mîn lîpnar,
635 der stuol was mîn houbetdach,
der stuol für slege mîn gemach,
der stuol was mîn swertes brief,
den stuol ich dicke für mich swief,
der stuol was mîn bester trôst.
640 wan de*r* stuol sî het belôst
mich des mînes verhes;
wan de*r* stuol vil dwerhes
wær mîn dinc gestanden;
wan de*r* stuol ze schanden
645 wær ich worden an dem tage:
der stuol nert mich vor manegem slage.
ich lobte den stuol, und künde ich, baz.
ûf bezzern stuol *nie man* gesaz,

---

⁶²⁸ wann *Hs.*
⁶³¹ *fehlt ohne Lücke Hs*]
keine Ergänzung H
daz ich ie getraf ze ir
Hl 302, S¹
wan der stuol nert mich vor
ir *S²⁻³* (‚*Notbehelf'* nach
Zwierzina) daz ich ie
gevaht gên ir *Hlm.*
⁶³² wann *Hs.*
⁶³³ haubt nun *Hs*]
houpt niwan *H*

houbet mîn *Hl 302, S¹⁻³, Hlm.*
⁶⁴⁰ wann durch den
Hs, H, S¹⁻³, J 425]
wan der *Hlm, E.*
het sy *Hs, S¹⁻³*] sî het *H, Hlm.*
⁶⁴² wañ | den *Hs*] wan der
H, Hlm, E   wan durch den
LitCbl 1239, S¹⁻³, J 425.
⁶⁴⁴ wann durch den *Hs, H, S¹⁻³,*
J 425] wan der *Hlm, E.*
⁶⁴⁷ Ich *m. Abs. Hs.*
⁶⁴⁸ nÿemand *Hs.*

bezzer stuol wart nie gebort;
650 wan der stuol ich het bekort
von ir slegen den ende.
ich emphie von ir hende
vil biulen unde reize.
der wellegen arweize
655 geschach nie sô wê im kezzel.
einen hirzînen vezzel
den truoc ich niden umbe mich;
den sluoc sî daz er zarte sich
als ein marwez lindenblat.
660 gehôrt ir ie der nœte gat
die sî mir tet und die ich leit?
mîn roc, mîn wambîs noch mîn pheit
mit slegen sî wênic sparte;
daz sluoc sî daz ez sich zarte
665 hinden unde vor hinabe.
doch traf ich sî mit dem stabe
niden an den schenkel,
ich sluoc sî ûf daz enkel
daz ez ir nâch was ûz dem lide.
670 zwischen uns was der fride
leider dô vil tiure.
mir galt diu ungehiure
sô gâhes an der selben stunt:
het ich entlihen ir ein phunt,

649 geport Hs] gebort H,
S¹⁻³, Hlm
gebôrt He 178 (Zur Bedeutung
s. Hl 302, S 96, E).
650 wann durch den Hs, H, S¹⁻³,
J 425] wan der Hlm, E.
653 puhel Hs] bühel H   punkel
erw. J 425.   raysse Hs.
654 arbaysse Hs.
656 hyrssenen Hs.

657 umb Hs.
662 Rock wammis Hs] roc,
wambîs H r. mîn w.
S¹⁻³, Hlm.
664 das es sich Hs, Hlm]
deiz H, S¹⁻³.
671 da Hs, S¹⁻³] dô H, Hlm.
673 stunt, H, S¹
stunt: S²,³, Hlm.

675　sî wære mir vil selten
　　　sô willic mit ir gelten.
　　　　Manic man der schiltet
　　　ob man im niht engiltet:
　　　ich het sî nie bescholten
680　het sî mir niht vergolten,
　　　und hete ez lâzen âne zorn.
　　　sî galt mir hinden unde vorn,
　　　sî galt mir oben unde niden
　　　daz ez mich swar ûf allen liden.
685　ir enkel sî mit willen galt.
　　　sî sint immer ungezalt,
　　　ir slege ûf mich zewâre.
　　　ez ist niht in dem jâre
　　　ninder alsô manic tac,
690　noch drîstunt sô manigen slac
　　　sluoc sî mir nâch dem kopfe.
　　　ez gewan nie topfe
　　　von geiseln solhen umbeswanc
　　　als sî mich âne mînen danc
695　mit slegen umbe und umbe treip.
　　　gehôrt ir ie wie Dietleip
　　　mit dem merwîbe vaht
　　　den langen tac unz an die naht?
　　　daz leben im nieman gehiez.
700　sî schôz ein stâhelînen spiez
　　　breiten unde wessen,
　　　gesmidet von siben messen,
　　　– als der tihtære sprach –

676 so willig gewe|sen mit *Hs*]
　　　gewesen *del. edd.*
677 Manig *m. Abs. Hs*]
　　　kein Abs. H.
684 swer *Hs.*
685 Ir *m. Abs. Hs.*

694 vor *Hs.*
696 Ir ye gesagen wie *Hs.*
　　　(*Zu* 696ff. *s. Hl 302f.*)
700 einen stâhlin *Hs.*
702 (*Zu messen Hl 304*).

in die erde, daz in nieman sach,
705 dô sî sîn wolte râmen.
und sîn snelheit diu was grôz,
daz si in ze tôde niht *en*schôz.
daz ich von disem wîbe
710 mit lebendigem lîbe
kom, daz was ein zeichen.
swâ sî [CCXVI^va] mich erreichen
mohte mit der zochen,
wol über drî wochen
715 moht man die biule vinden
vorne unde hinden.
  ‚Sol mich tœten ditze wîp?
nu ist mir guot noch *der* lîp
bî dirre konen niht gegeben:
720 ich sol ouch fürbaz geleben
einen tac nimmer mêre.
mîne friunt haben des unêre!‘
gedâhte ich tougenlîchen.
ich liez et an sî strîchen
725 mit slegen alsô dicke;
mit einem übersticke
traf ich sî vor an den kopf.
ich sprach ‚verdeust du disen kropf,
du ma*h*t ezzen ungesoten

---

706 salde *Hs* Sælde *H.*
708 nicht schoss *Hs.*
710 mit disem lebentigen *Hs.*
711 kam *Hs, H.*
713 (*Zu* zochen *B 47f.*).
715 môcht *Hs.* peûl *Hs.*
718 der *fehlt Hs, H.*
  beyde | ze konen *Hs, H*
  beide ze fromen
  erwägt H Anm.

bî dirre *B 50, S^{1-3}, Hlm.*
721 nymmermere *Hs, S^{1-3}.*
722 freundt *Hs, S^{1-3}, Hlm*
  friunde *H.* haben des
  Hs, S^{1-3}, Hlm habents *H.*
724 liesse *Hs.*
726 vberstiche *Hs (B 47f.).*
728 ich *S^{1-3}, W 142, Hlm*]
  sy *Hs, H.*
729 magst in essen *Hs.*

730 nâternzagele unde kroten
und all*iu* eiter trinken!'
ich het den einen schinken
leider mir erbaret;
dâ het sî mir gevâret:
735 als ez z'unheile mir ergie,
sî sluoc mir ûz dem zeswen knie
des slages die knieschîben.
sî sprach ,liez ichz belîben
mit dem einen smerzen,
740 vor freude möh*t*st du scherzen:
des ich w*ei*zgot niht entuon.
ez wirt fride noch stætiu suon
weizgot nimmer zwischen uns zwein.
waz von d*iu*, ist dir ein bein
745 von mînen slegen worden lam?
dir geschiht an dem andern sam.
ich slahe dir ab*e* den rucke,
oder mir sol gelucke
daz wilde nimmer mêre
750 gefüegen guot und êre.
ich mache dir sô dwerhen munt
daz allen liuten wirt unkunt

730 natern zagl vnde krotten *Hs*
nâtern zagele u. k. *H*
nâtern, egel u. k. *S 94, S¹⁻³,*
Schröder ADA XLVI, 81
nâternzagel u. k. *S²*
nâternzagele u. k.
Hlm, W 142, E.
733⁻734 erparet : gefaret *Hs*
erbaret : gevâret *S ¹⁻³, Hlm*
enbaret : gevâret *H*
mir garwe erbart : dâ hetes
mîns beines gevârt *He 178*
oben leider mir erbart : dâ het
sî mîn mit grimme gevârt

J 425.
735 als *Hs, S¹⁻³, Hlm*] also *H.*
ze vnhail *Hs.*
740 vor freuden *Hs, H.*
mochst *Hs.*
741 weiss got *Hs.*
743 wayss got *Hs, S¹⁻³, Hlm*]
del H.
744 von die *Hs.*
747 ab *Hs.*
748 sol ze lugke *Hs.*
749 nimmermêre *S¹⁻³.*
751 zwerchen *Hs* twerhen *H.*

ob sî dînen gelîchen
ie gesæhen in den rîchen.
755 alle genâde ich dir versperre.
diu ougen ich dir ûz zerre
sam sî dâ nie gewüehsen.
under mîner üehsen
trag ich dich hin ze Wienen.
760 und wilt du mir niht dienen
als einer frouwen ir eigen kneht:
dîn antlütze wirt sô sleht
sam nie nase kœme dran.'
     Unser zweier friunde drî man
765 kômen dort geloufen her
und schieden uns bêde. als ein ber
der an einer lannen strebt,
dem gelîche sî dannoch lebt.
sî phnurrete jenen unde disen
770 sî gebârte als si mit einem risen
dannoch het gevohten.
die drî man enmohten
niht erwenden sîe:
sî zuhtes alle drîe
775 nâch ir wol vierdehalben schrit.
sî het dannoch ir unsit
vil gerne an mir erzeiget.
mîn leben wart geveiget,

754 gesahen *Hs, H*
gesæhen *S¹⁻³, Hlm.*
758 meinen *Hs.*
761 thût ir aigen knecht *Hs*]
tuot *del. H, W 143, He 178,*
eigen *del. S¹⁻³, Hlm.*
763 kam *Hs* kæme *H.*
764 vnnser *kein Abs. Hs, H, S¹,²*
(Unser *kein Abs. S³*).
765-768 kômen dort geloufen zuo /

unde schieden uns bêde duo. /
diser zôch hin und jener her. /
sî gebârte als ein ber / der an
einer lannen strebt / dem
gelîch si dannoch lebt! *J 425.*
766 bed *Hs*] *del. H*
bêde, *S¹⁻³, Hlm* (uns. *H*).
773-774 sy : dreÿ *Hs.*
774 zucktens *Hs* zuktes *H, S¹*
zuhtes *S²,³* enzuhtes *Hlm.*

wær an den selben zîten
780 niht gescheiden unser strîten.
    Man mohte lîhte mich gehaben.
man muoste mich mit wazzer laben.
dô ich von dem strîte gie
ein altez wîp mich gevie;
785 der seic ich underhant ze tal.
ich was bleich unde val:
dar under was diu *v*ilwe
gemischet mit der gil*w*e.
su*s* lac ich als ein tôte.
790 ez lief ein kneht genôte
balde hin nâch wazzer;
schiere kom er alsô nazzer.
betoubet lac ich âne sin:
doch gôz er mir daz wazzer in.
795 ich bli*h*te [CCXVI^vb] ûf mit armen staten.
sî sprach ,jâ trûwe ich dich gesaten
strîtes wol mit mîner craft.
væht ich mit al der heidenschaft
sô gar âne sorgen,
800 ich næme daz kriuze morgen.'
    Dô wir alsô ges*m*iten
und *h*erteclî*ch*e gestriten

779 war *Hs* wære *H.*
781 Man *m. Abs. Hs, edd.* mŏchte *Hs.*
782 mit dem was|ser *Hs.*
785 vnnder der hand *Hs*
    underhant *H, S³, Hlm*
    under hant *S¹,².*
787–788 wilwe : gilbe *Hs.*
789 sunst *Hs.*
794 er mir *Hs, H, S¹⁻³*]
    man mir *Hlm.*
795 plickte *Hs* blikte *H, S¹*
    blihte *S²,³, Hlm.*
796 trau *Hs* triuwe *H.*

798 vacht *Hs.*
800 nam *Hs.*
    das *Hs, S¹⁻³, Hlm*] dez *H.*
801 gesniten *Hs, H, Hlm*]
    gerihten *S 94, S¹*
    genihten *S²,³* gestriten *W 143*
802 vnd das sy gestriten *Hs*
    wâren unde sus gestriten
    H, Hlm und daz sî
    geslihten *S 94, S¹⁻³*
    und daz sî versniten *W 143,*
    s. He 178, J 425, die Stelle ist
    nicht überzeugend heilbar.

den strît zwischen uns beiden,
dô wurden wir gescheiden.
805 sî saz dort, ich saz hie:
diu ougen sî an mich verlie
vil ungüetlîche.
dô sprach ich ,got der rîche,
die nôt lâ dich erbarmen.
810 ouwê mir vil armen!
waz rechet ir, frouwe, an mir?'
sî sprach ,hâst du rede in dir?
mich müet dîn klaffen sêre.
swîc! du muost unêre
815 mit schaden laden in daz hûz.'
dô sweic ich alsam ein mûs
und redete dô nie mêre,
wan ich vorhte sêre,
ob ich ein wortel spræche,
820 daz sî den fride bræche.

---

816 swig *Hs.*
817 redet da nÿmere *Hs*
    rede iezuo niemêre *W 144.*
818 forchte *Hs, edd*]
    vürhte *W 144.*
819 spräche *Hs, edd*]

spreche *W 144.*
820 bräche *Hs, edd*]
    breche *W 144 (W 143f.*
    nimmt an, das Gedicht
    breche mit 820 unvollendet
    ab).

33